AF233132

DROITS

DES BOURBONS

AU TRONE DE FRANCE.

PAR LE CHEVALIER DE GIRONTÉLI.

Si veut le Roi, si veut la Loi.

A PARIS,

Chez BABEUF, Libraire, rue du Petit-Lion-Saint-Sulpice, n°. 26.

MAI 1815.

DROITS
DES BOURBONS
AU TRONE DE FRANCE.

Si veut le Roi, si veut la Loi.

Le *Roi de France ne relève que de Dieu et de son épée.* Cette grande et sage maxime de notre droit public est aussi ancienne que la monarchie.

A l'exemple de nos rois, les autres monarques de l'Europe n'ont point assigné d'autre cause à la nature et à l'étendue de leur puissance.

Il suffisait au roi de France de l'invoquer pour faire fléchir à l'instant, et sans nul obstacle, les ambitieuses prétentions des parlemens.

Tout cédait à l'autorité du roi, tenant son lit de justice. Henri IV lui-même, dont les novateurs vantent l'excessive popularité, ne reconnut jamais en France d'autorité supérieure, ni même égale à la sienne.

Il avait paru y déroger dans son discours à l'assemblée des notables de Rouen, en leur tenant ce langage : « Je vous ai » fait assembler pour recevoir vos conseils, » pour les croire, pour les suivre, en un » mot, pour me mettre en *tutelle* entre vos » mains ». La belle Gabrielle lui reprochait ces expressions : *En tutelle* soit, dit Henri à sa bien-aimée ; mais *mon épée* me reste.

Son digne successeur, Louis-le-Désiré, en octroyant la charte constitutionnelle, eut soin de rappeler à ses sujets que c'était « volontairement, et par le libre exercice » de son autorité royale, qu'il accordait, » faisait concession et octroi à ses sujets, » tant pour lui que pour ses successeurs et à » toujours de la charte constitutionnelle ».

Et il a prouvé par sa conduite, aussi ferme que franche, qu'il ne considérait cette concession, que comme un sacrifice que les circonstances rendaient nécessaire, et qui ne le liait, qu'autant qu'il le jugeait convenable à la majesté du trône, et au bien de ses peuples.

Bordeaux, et d'autres *bonnes villes*, et tous ses fidèles serviteurs, s'empressèrent de l'assurer qu'il ne fallait point de cons-titution, et qu'ils ne voulaient d'autre garantie de leurs droits que sa volonté royale.

Lors même qu'il vit son trône menacé par Napoléon, débarqué à Cannes, il ne jura point personnellement l'observation de la charte, il se contenta de faire jurer *Monsieur*, au nom de la famille, dont les membres présens se gardèrent bien de faire eux-mêmes ce serment (1).

Ils auraient cru déroger à la plus belle prérogative de l'autorité du roi, et ils imitèrent son auguste silence.

Le sénat, dont il fallait bien reconnaître l'autorité usurpée, avant d'avoir les moyens de la renverser, avait eu l'audace sacrilége de lui imposer l'acceptation préalable d'une constitution, qui, à l'hérédité près, était toute *jacobine;* mais il ne donna qu'une simple déclaration, qui prouvait elle-même qu'il était le maître et le maître unique et légitime.

J'ai dit que telle était aussi la règle des autres monarques de l'Europe; et en faut-il d'autres preuves que la déclaration solennelle du congrès de Vienne, du 13 mars dernier? Les souverains alliés ne disent-ils pas formellement que la *légitimité des prin-*

---

(1) Le conseil de conscience l'avait ainsi décidé, mais sans tirer à conséquence pour le présent et pour l'avenir.

ces est la première sauve-garde du bonheur des peuples? et douze cent mille hommes, au moins, sont là pour soutenir cette incontestable vérité.

Patience et courage ! nous allons bientôt les voir renaître, à tout jamais, ces jours, ces beaux jours de la monarchie, où nos preux chevaliers français, pressant sur leur cœur les *lis* et les *roses*, prenaient pour devise : tout pour *eux* et pour *elles*.

Gentilhomme et Français, membre né du premier ordre du royaume, je n'ai consulté que mon cœur pour apprécier les droits de mon roi au trône ; le trône lui appartient par cela seul qu'il l'a reçu de ses illustres aïeux.

Cependant, comme j'écris pour le public, et qu'il y a encore de par le monde des gens qui ne veulent adopter une opinion qu'après en avoir froidement raisonné les élémens, et qui demandent toujours des preuves, des autorités; j'ai chargé un savant de ma connaissance de me fournir des notes et des documens historiques sur l'objet dont je veux que tout le monde soit convaincu ; je fais transcrire ici ce qu'il m'a envoyé. Sa véracité m'est connue, et je donne son travail, tel que je l'ai reçu, et sans prendre la peine de le lire : il n'aurait rien ajouté à ma *conviction* personnelle.

~~~~~~~~~~~~~~~~~~~~~~~~~~

Pour résoudre cette question, il suffit de se rappeler que plusieurs dynasties successives ont occupé le trône de France. Clovis fonda la première.

Ce prince ayant vaincu *Siagrius*, général des Gaulois, ses compagnons d'armes l'élevèrent sur leurs boucliers, et le firent leur généralissime ; il fut ensuite nommé *roi* par le peuple et l'armée, dans l'assemblée de la nation.

Les papes, qui n'étaient d'abord que les évêques de Rome, commencèrent à mêler le spirituel et le temporel tout ensemble ; mais les gouverneurs de Rome et de l'exarchat de Ravenne, oubliant qu'ils ne tenaient leur autorité que de l'Empereur, et abusant de l'éloignement du siége de l'empire, agissaient en souverains indépendans. Les rois des Lombards, gouvernaient aussi en maîtres ; les papes se soumirent à regret à leur autorité. Ils n'attendaient que l'occasion de s'y soustraire, elle se présenta bientôt.

A la même époque, les maires du palais en France s'étaient aussi emparés de toute l'autorité des rois.
~~~~~~~~~~~~~~~~~~~~~~~~~~

Pépin, resté seul maire du palais, projeta
de se faire roi au préjudice de Childéric III, « fainéant, ès déportement duquel
» on pouvait trouver l'image d'un roi, non
» un roi. C'est pourquoi il dépêcha vers le
» pape Zacharie un ambassadeur, pour lui
» bailler son advis auquel des deux devait
» appartenir la couronne, ou à celui qui
» n'était roi que par contenance, ou à l'au-
» tre qui, sans porter le nom de roi, l'était
» réellement (1)?

» A quoi le pape Zacharie, sage et ac-
» cort, ne voulant déplaire à celui duquel
» il se promettait récompense, sentencia
» pour l'effect et contre la mine. Et dès lors
» Pépin, assisté de cette sentence, confina
» Childéric en un monastère reclus, et se fit

(1) Le premier émissaire de Pépin, fut saint Boniface, évêque de Mayence. La question fut proposée
ensuite, en forme de cas de conscience, au pape, par
un ambassadeur, en ces termes: *Est-il à propos qu'un
homme incapable de régner, ait en France la qua-
lité de roi, tandis que la puissance royale était
exercée par un autre qui en faisait bon usage?*
L'ambassadeur de Pépin expliqua ensuite, sans
doute, les autres motifs d'intérêt réciproque, et qui
déterminèrent la réponse du pape, déjà favorablement
disposé par les premières confidences de saint Boniface.

» proclamer roi par la voix *du clergé* et *de la*
» *noblesse* : et pour se revanger de cette
» libérale sentence, sousdain après la mort
» de Zacharie, sous le pape Étienne second,
» il guerroya le roi Astolphe Lombard, en-
» nemi des papes, et par sa prouesse extor-
» qua de ses mains l'exarchat, dont il fit
» présent au pape, l'assurant d'une même
» main de la jouissance paisible de Rome ».
(*Recherches sur l'Histoire de France*, par
Étienne Pasquier, éd. d'Amsterdam, 1723,
tom. Ier., pag. 200 et 201.)

Tous les historiens sont d'accord sur ce point, que le pape Zacharie promit ses bons offices au maire du palais, Pépin, pour monter sur le trône à la place de Childéric, son roi, à condition que Pépin ferait la guerre au roi des Lombards, pour lui enlever l'exarchat dont Rome dépendait, et lui en donnerait la souveraineté et à ses successeurs.

Il n'est pas moins certain que Pépin, qui, d'après l'approbation du pape, ne pouvait plus avoir de scrupule religieux en détrônant Childéric, son roi, et en se mettant à sa place, ne se crut roi légitime qu'après s'être fait élire à l'assemblée du Champ de Mai ; que là il fut porté sur un pavois, pro-

mené dans tous les rangs, et proclamé roi
après que les assistans eurent répété : *Nous
le voulons, nous l'acceptons.*

Ainsi s'exécuta la déchéance de la dynastie de Clovis, et l'élection de la nouvelle dynastie, dite des *Carlovingiens.*

Le dernier roi de la race des Mérovin-
giens, Childéric III est placé au nombre des
rois fainéans ; et, sans égard pour les droits
de sa naissance, il fut révoqué, tondu et en-
fermé dans un couvent.

Son fils partagea le même sort, et ils
moururent dans leur obscure retraite, sans
que la nation, ni personne s'en soit occupé
depuis.

Cette première dynastie avait régné deux
cent soixante-dix ans, et comptait vingt-deux
rois. Pépin, pour assurer à ses descendans
la couronne de France, et ne plus la remet-
tre *à la merci d'une élection,* s'associa son fils
Robert, et le fit couronner roi de son vivant.

Cet usage se perpétua pendant plusieurs
générations ; mais cette dynastie ne se
maintint sur le trône que pendant deux
cent trente-six ans. Les derniers rois, comme
ceux de la fin de la première dynastie, lais-
sèrent usurper leur autorité par les maires
du palais, et furent aussi appelés *fainéans.*

Il ne fallait rien moins qu'un courtisan aussi ambitieux, aussi adroit que l'avait été Pépin, pour enlever la couronne aux successeurs de ce roi; et Hugues Capet, après s'être assuré par ses hauts faits d'armes et sa popularité le suffrage de la nation, fit prononcer la déchéance de Charles-le-Chauve, héritier du roi Louis-le-Débonnaire, et se fit nommer à sa place.

Vainement Charles avait voulu défendre ses droits contre Hugues Capet, qu'il appelait *usurpateur;* vainement il avait été chercher des secours étrangers. Il était parvenu, avec ses alliés, à se rendre maître de Laon; mais Hugues Capet reprit cette ville, battit les alliés, et, en 987, les états le déclarèrent solennellement déchu de ses droits au trône de France, et y maintinrent Hugues Capet.

Cet acte porte, « que d'autant que Charles » s'était montré *ami des ennemis de la Fran-* » *ce, et ennemi juré des Français,* aussi » que les Français renonçaient à son amitié » et le déclaraient déchu du bénéfice de la » loi, tant pour avoir rompu le premier, » que pour n'être tenus de reconnaître pour » roi, un ennemi de l'état, leur serment les » obligeant à un roi père, juste, sage, doux,

» attrempé ; et pour ainsi qu'à leur âme et
» conscience , sans aucune altération de la
» loi fondamentale , ils le quittent, et dé-
» clarent être leur intention de pourvoir
» au royaume d'un roi, qui pourvût à la
» France.

» Qu'étant surtout nécessaire d'établir un
» roi pour la conservation de la couronne
» de France, destituée tant par la mort de
» Louis V (*le Débonnaire*) que par la félo-
» nie manifeste de Charles, duc de Lorrai-
» ne, en bonne foi, selon Dieu et leur cons-
» cience , les états *élisent* Hugues Capet
» pour roi ».

On voit que le principal motif de la déchéance prononcée par les états-généraux
contre Charles, était la *félonie* de ce prince
qui s'était allié à des étrangers pour recou-
vrer la couronne de France , contre le vœu
de la nation.

Depuis Hugues Capet jusqu'au roi Louis
XVI inclusivement, la couronne n'avait
point changé de dynastie, mais de branches.

Le droit d'élection n'avait pas cessé d'exis-
ter ; mais seulement il était resté sans application.

En effet, l'existence de ce droit avait été
si peu contestée que les actes même des

couronnemens qui ont eu lieu depuis, en offrent la preuve. Ainsi, la couronne n'a point cessé d'être élective; seulement elle s'est conservée dans la famille régnante tant que les états généraux du royaume n'ont point énoncé l'intention de la transférer à une autre.

La forme d'élection n'en avait pas moins été observée, même en suivant l'ordre de succession.

Ce point de fait est attesté par tous nos anciens historiens. Il suffira d'en rappeler ici quelques traits.

André Duchêne, tom. III, des historiens de France, pag. 35o, rapporte ces expressions d'une ancienne chronique : « Pé-
» pin meurt, et ses fils Charles et Carlomans
» sont choisis pour rois (1) ».

Éginard dit formellement que les rois sont nommés par le suffrage de tous les Francs. *Consensu omnium Francorum reges creati sunt.*

Flodoard, liv. IV, de l'Histoire de Reims, rapporte que Foulques, archevêque de Reims, écrivant à Arnolphe, roi d'outre

______

(1) Pippinus rex moritur, et filii ejus Karolus, Karlomanus eliguntur in regno.

Rhin, au sujet de l'élection et du couronnement de Charles III, dit le Simple, lui déclarait, pour justifier les Francs de ne l'avoir pas élu aussitôt après la mort de l'empereur Charles, que ce prince encore trop jeune n'avait ni la force, ni les talens nécessaires pour gouverner; qu'il eût été dangereux de lui confier le gouvernement à une époque où les Normands ravageaient le royaume (1).

Le même Foulques écrivait encore à ce même Arnolphe, qui se plaignait que les Francs avaient nommé Charles sans avoir pris son avis, que dans cette circonstance les Francs avaient suivi leur usage, en n'ayant nul égard à l'ordre d'hérédité de la famille régnante, pour l'élection de leur monarque (2).

Dans le formulaire établi pour le sacre

---

(1) Eum tunc admodùm corpore simul et scientiâ parvulum extitisse, nec regni gubernaculis idoneum fuisse, et instante immanissimâ Normannorum persecutione, periculosum erat tunc eum eligere.

(2) Morem Francorum asserit secutos fuisse, quorum mos semper fuisse, ut rege decedente alium de regiâ stirpe vel successione, sine respectu vel interrogatione cujusquam majoris aut potentioris regis, eligerent.

des rois, et qui nous a été transmis par Hugues Ménard, on lit à la fin du livre des Sermens : Deux évêques interrogent le peuple dans l'église, et demandent quelle est sa volonté (1).

Enfin la prière constamment adoptée pour le sacre des rois porte ces mots : « Dieu, ré-» pandez les dons de vos bénédictions sur » votre serviteur, que nous venons d'*élire* » au trône de France (2) ».

Étienne Baluze, dans ses notes sur les capitulaires, t. Ier., p. 108, atteste que cette formule a été observée aux couronnemens de Henri IV et Louis XIII ; et après avoir rapporté les faits racontés par un grand nombre d'historiens : Tels sont, dit-il, les faits qui prouvent le droit du peuple pour l'élection des rois de France. *Hæc sunt, opinor, quæ ad stabiliendum populi jus in electione regum Francorum dici possunt.*

Il cite ensuite d'autres autorités pour démontrer qu'on ne s'écartait de l'ordre de

---

(1) Duo episcopi alloquuntur populum in ecclesiâ, inquirentes eorum voluntatem.

(2) Super hunc famulum tuum, quem supplici devotione in regnum Francorum pariter eligimus, benedictionum tuarum dona multiplica.

l'hérédité que dans des cas extraordinaires , lorsque le prince appelé au trône par sa naissance, s'était rendu coupable de *félonie*, ou était évidemment incapable de gouverner.

Or, nos aïeux regardaient comme coupable de *félonie*, tout prince qui prétendait se maintenir sur le trône contre la volonté prononcée de la nation, et faisait appuyer ses prétentions par des troupes étrangères.

On a déjà vu que tel fut le motif de la déchéance prononcée contre Charles-le-Chauve.

L'application de ce principe à un événement récent est trop évident pour qu'il soit nécessaire de la motiver ici.

Il est inutile de rappeler que la petite dissertation qu'on vient de lire n'est pas de moi; que je ne l'ai même pas lue, et que les lecteurs, nobles comme moi, pourront aussi passer outre; je n'ai demandé cette notice à mon savant que pour les lecteurs roturiers.

Je ne me sers de ma plume pour la défense de mon roi, qu'après lui avoir voué mon épée pendant les vingt-quatre ans moins quelques mois, qui se sont écoulés depuis sa sortie de Paris le 21 juin 1791, jusqu'à sa rentrée triomphante dans sa capitale le 3 mai 1814. Ce bon prince, j'ai vu couler ses larmes, en passant sous l'arc triomphal élevé en l'honneur de Louis-le-Grand ; je l'ai vu pâlir en voyant l'énorme couronne fleurdelisée, appendue au ceintre. Quelle différence entre son départ et son retour ! Il s'en était allé la nuit, et en chaise de poste ; il revenait en plein jour et dans une calèche anglaise.

Rien ne manquait à la solennité de son entrée, que sa maison militaire qu'il a montée depuis avec tant d'éclat, et qui lui a si bien prouvé son inviolable dévouement à sa personne sacrée.

On ne s'écarte jamais impunément de ses devoirs. Le bonheur n'est que dans la rigoureuse observation de ce qu'on doit à soi-même et aux autres. Tout est bien changé : les *nobles* ont très-bien tenu à leurs prérogatives ; mais les *vilains* ont oublié qu'ils étaient nés pour obéir.

Depuis vingt-cinq ans que d'ambitieux plébéiens ont bouleversé toutes les têtes, brisé tous les liens sociaux, confondu tous les rangs, il n'y a en France, ni vertu, ni talent, ni morale, ni religion.

Corrompus par une aisance funeste, qu'ils n'ont jamais connue avant les temps d'anarchie, les paysans sont d'une insolence que l'autorité même de leur curé ne peut réprimer. La seule menace du rétablissement des dîmes et des droits féodaux les a armés contre leurs maîtres et leurs pasteurs.

On en rencontre qui, tout en traçant leur sillon, osent se croire nos égaux. Le fils de mon maréchal ferrant est capitaine de cavalerie, cela fait pitié ; et il m'a fallu toute la protection de monseigneur, *Monsieur*, pour obtenir une sous-lieutenance pour le chevalier mon fils.

Voilà les désordres causés par un seul doute sur l'autorité légitime du roi.

Et ce doute impie, qui ose le concevoir, le manifester? des hommes de rien! Quels maux n'ont-ils pas faits? Il leur fut facile d'ameuter leurs semblables. S'il est vrai que le bonheur soit le but de tout gouvernement, s'il est vrai que le meilleur gouvernment soit celui où les mêmes familles ont seules toute l'autorité, qui pourrait contester cet avantage au gouvernement monarchique ?

Depuis quand la guerre serait-elle un bien ? et tel est l'amour de nos rois pour la paix, qu'ils ont tout sacrifié pour en faire jouir leurs sujets. Louis XVIII a-t-il hésité à acheter la jouissance paisible de son trône, par le sacrifice de toute la Belgique, de nos vaisseaux, de nos chantiers, de nos magasins, de nos arsenaux, et le licenciement de l'armée, etc.?

L'indocilité du tiers, l'ambition trompée de quelques plébéiens ont arrêté les heureux progrès de la restauration. Était-ce dans l'espace de quelques mois que la monarchie pouvait se rétablir dans toute sa pureté?

C'est en France surtout qu'il est vrai de dire que l'autorité monarchique est une image de l'autorité paternelle. Plusieurs de nos rois ont été appelés pères du peuple : la nature peut seule déférer une telle magistrature. Qui ne frémirait pas de voir un enfant oser demander, au chef de la famille, compte de son autorité? Un père a-t-il d'autre supérieur que Dieu même? un roi n'a-t-il pas la même puissance qu'un père?

Ces noms respectables de *père* et de *roi* commandent également nos respects et nos hommages, et la plus absolue obéissance.

Et lorsque nos lois consacrent le droit de propriété par une jouissance paisible et publique de trente années, qui oserait dire que les descendans de Hugues Capet, qui sans nulle opposition ont constamment occupé le plus beau trône de l'Europe pendant plus de huit cents ans, n'en sont pas les propriétaires légitimes? Cela est d'autant plus incontestable qu'en fait de meubles, surtout, la possession vaut titre ; et quel titre qu'une possession de huit siècles ?

L'opinion contraire est un crime de lèse majesté au premier chef ; et si les rois trop indulgens n'eussent pas épargné le premier écrivain qui osa parler de souveraineté du peuple, que de maux leur salutaire et juste sévérité eût épargnés à la France, et peut-être à l'Europe !

Une foi, un roi, voilà quel fut tout le droit public de la France pendant les huit siècles qui se sont écoulés sous le gouvernement paternel de ses rois légitimes.

On compte, tout au plus, vingt années depuis qu'on a violé cette loi d'éternelle justice ; et pendant ce court intervalle de temps, la France a vu se succéder plus de révolutions dans le gouvernement que pendant quatorze siècles.

Quels que soient les événemens qui se préparent, dussé-je, dans le château qui m'a été restitué, voir crouler de loin les derniers débris de la monarchie, le dernier cri de mon cœur sera : *Domine, salvum fac Regem.*

FIN.